W0341159

ro
ro
ro

Gäbe es diesen Mann nicht, man müsste ihn erfinden. Er war bereits Baulöwe, Multimillionär, Showmaster, Werbefigur – nun tritt Donald Trump an, der nächste US-Präsident zu werden. Was er von sich gibt, schwankt dabei stets zwischen Größenwahn und Absurdität. Seine politische Meinung wechselt er schneller als andere ihre Unterhose. Dieses Buch versammelt die krassesten Sprüche des aussichtsreichsten Kandidaten der Republikaner. Damit am Ende niemand behaupten kann, er sei nicht gewarnt worden!

Moritz Piehler, geboren 1979, ist freier Journalist und Fotograf in Hamburg. Nach seinem Master in Amerikanistik schrieb er frei für Spiegel Online, Freitag, WELT Online u. a. 2008 verfolgte er die US-Wahlen vor Ort für seinen Blog.

Moritz Piehler (Hg.)

«Weil ich einfach sehr gut aussehe.»

Erschreckend wahre Worte von Donald J. Trump

ROWOHLT TASCHENBUCH VERLAG

Originalausgabe
Veröffentlicht im Rowohlt Taschenbuch Verlag, Reinbek bei Hamburg, Juli 2016 Copyright © 2016 by Rowohlt Verlag GmbH, Reinbek bei Hamburg Umschlaggestaltung ZERO Werbeagentur, München Umschlagabbildung John Sommers II / Stringer / Getty Images Innengestaltung Daniel Sauthoff Satz ITC Century PostScript (InDesign) im Rowohlt Verlag und bei Dörlemann Satz, Lemförde Druck und Bindung CPI books GmbH, Leck, Germany
ISBN 978 3 499 63242 6

Inhalt

Vorwort 7

Trump über Trump 11

Trumps Politik 45

Trump über Freund und Feind 85

Trump, der Frauenversteher 117

Donalds Lebensweisheiten 145

Bildnachweis 159

Vorwort

Gäbe es Donald Trump nicht, man müsste ihn erfinden! Ein Mann wie geschaffen für die ganz große Unterhaltungsmaschinerie des US-amerikanischen Politikzirkus. Es gibt eigentlich nichts, was er nicht über sich und andere sagen würde – oder schon gesagt hat. Trump hat zu allem eine Meinung und teilt sie uns ungefiltert, ungefragt und unverblümt mit. Unklarheiten über Politik, Popstars, Frauen? Nicht verzagen, Donald fragen! Man kann ihm manches vorwerfen, langweilig zu sein gehört sicher nicht dazu. Trump liefert mit seinen Sprüchen, Interviews und Tweets nahezu endloses Material für amerikanische Comedysendungen. Erst recht, wenn man sich seine zwischen Größenwahn und Absurdität wandelnde Karriere als Businessmogul ansieht.

Er war bereits Baulöwe, Multimilliardär (nach eigener Schätzung), Showmaster, Werbefigur, benannte mehrere bombastische Gebäude nach sich selbst, hatte sein eigenes Magazin, seine eigene Universität, seine eigene Wassermarke und sein eigenes Steak. (Ja, es gab mal ein exklusives «Trump Steak» zu kaufen, natürlich, wie sollte es anders sein, «das beste Steak Amerikas!» [Zitat Trump].) Understatement ist seine Sache nicht. Obwohl er eventuell, ganz vielleicht, unter Umständen sogar schon mal bankrott war, was man aber niemandem erzählen darf, sonst verklagt er einen noch.

So vielseitig wie Trumps Vita ist auch sein Potpourri an politischen Meinungen, die er schneller wechselt als andere Menschen ihre Unterhosen. Nach einer kürzlich veröffentlichten amerikanischen Studie der Recherche Website Politfact sind satte 76 Prozent der Trump'schen Aussagen nachweislich inhaltlich falsch, was selbst für einen echten Politiker eine ganze Menge wäre. Aber von so etwas Nichtigem wie Wissenschaft lässt sich ein Donald Trump nicht aufhalten. Schließlich hält er auch die globale Klimaerwärmung für eine Erfindung der Chinesen. Oder wahlweise der Russen. Auf jeden Fall der anderen, die Amerika Böses wollen. Trump hingegen will nur das Beste für die USA, und wer wäre besser geeignet, Amerika wieder «great» zu machen, als er selbst?

Denn Trump findet sich super. So super, dass er nie müde wird, seine Vorzüge zu preisen. Und irgendwie gelingt es ihm, alle anderen auch davon zu überzeugen, dass er super ist. Und sein Haar echt, was genauer betrachtet vielleicht die größere Leistung in Sachen Überzeugungsarbeit darstellt. Er jettet im Privatjet durch die USA, und weil er sich sonst langweilen würde, will er jetzt eben Präsident werden. Klar macht man sich da nicht nur beliebt, aber der Weg zur Spitze ist eben mit Leichen gepflastert. Wer gestern noch ein guter Freund war, kann morgen schon unterm Trump-Truck liegen – und kriegt das auch noch deutlich mitgeteilt.

Hier kommt ein Mann unter Volldampf, dem nicht mal der notorisch wahllose US-Sender FOX-News über den Weg traut, was möglicherweise daran liegt, dass Trump keine Gelegenheit auslässt, dessen Moderatorinnen aufs heftigste zu beleidigen. Der übrigens noch in den Neunzigern «hundertprozentig» überzeugt war, niemals als Präsident zu kandidieren, und jetzt einen republikanischen Gegenspieler nach dem anderen im Vorwahlkampf um die US-Präsidentschaft pulverisiert. Die amerikanischen Wähler jubeln dem «Endlich-sagt's-mal-einer!»-Kandidaten scharenweise zu. Und Trump sagt vieles endlich mal. Oder auch zwei-, dreimal. Plötzlich erscheint es gar nicht mehr so unwahrscheinlich, dass das Weiße Haus 2017 orangefarben angestrichen wird und auf dem Dach ein riesiger goldener «Trump»-Schriftzug leuchtet.

Niemand kann behaupten, er sei vorher nicht gewarnt worden, schließlich muss man dem Kandidaten nur genau zuhören. Trump ist ein offenes Buch, und deshalb lässt man ihn am besten für sich selbst sprechen. Also viel Spaß auf den kommenden Seiten mit dem Mann, der schneller mit Sprüchen um sich schießt als sein eigener Schatten.

Trump über Trump

«Ich schaue nicht nach vorne, und ich schaue nicht nicht nach vorne.»

“I don’t look forward or not look forward.”

WASHINGTON POST, Juli 2015

«Die Show heißt ‹Trump›, und das bedeutet überall volles Haus.»

“The show is ‘Trump’. And it is sold-out performances everywhere.”

PLAYBOY, März 1990

«Was ich sage, sag ich.»

“What I say is what I say.”

FOX NEWS, August 2015

★ ★ ★ ★ ★

«Was ist der Unterschied zwischen einem nassen Waschbär und Donald Trumps Haaren? Ein nasser Waschbär hat keine sieben Milliarden verdammte Dollar auf seinem Konto.»

"What's the difference between a wet racoon and Donald Trump's hair? A wet racoon doesn't have seven billion fucking dollars in the bank!"

COMEDY CENTRAL, März 2011

«Auch wenn die Hater und Loser es leugnen, jeder weiß, dass ich keine ‹Perücke› trage. Mein Haar ist vielleicht nicht perfekt, aber es ist meins.»

"As everybody knows, but the haters & losers refuse to acknowledge, I do not wear a 'wig'. My hair may not be perfect but it's mine."

TWITTER, April 2013

★★★★★

«Ich habe eigentlich
einen ganz schönen
Haaransatz.»

★★★★★

★★★★★

“I actually don’t have a bad hairline.”

ROLLING STONE, September 2015

★★★★★

«Ich bekomme viel Lob für mein geschicktes Kämmen. Eigentlich ist es aber gar nicht so geschickt. Ein bisschen nach vorne und zurück. Ich habe mich seit Jahren so gekämmt. Jedes Mal haargenau gleich.»

"I get a lot of credit for comb-overs. But it's not really a comb-over. It's sort of a little bit forward and back. I've combed it the same way for years. Same thing, every time."

VANITY FAIR, Mai 2011

★ ★ ★ ★ ★

«Meine wahre Schönheit liegt darin, dass ich steinreich bin.»

"The beauty of me is that I'm very rich."

GOOD MORNING AMERICA, März 2011

«Ich bin wirklich reich. Das werde ich euch sehr bald zeigen.»

"I'm really rich. I'll show you that in a second."

TRUMP TOWER, Juni 2015

«Ich freu mich schon sehr, meine Finanzen offenzulegen, weil sie riesig sind.»

"I look very much forward to showing my financials, because they are huge."

TIME, April 2011

★ ★ ★ ★ ★

«Die Leute sagen, dass die Achtziger tot sind, mit all ihrem Luxus und den Extravaganzen. Ich sage: Soll ich etwa meinen Geschmack ändern, nur weil wir ein neues Jahrzehnt haben? Das ist doch Schwachsinn.»

"People say the 80s are dead, all the luxury, the extravagance. I say, 'What?' Am I supposed to change my taste because it's a new decade? That's bullshit."

PLAYBOY, Mai 1997

★ ★ ★ ★ ★

«Ein bisschen mehr Zurückhaltung täte gut. Gut, mein Leben war auch nicht gerade von Zurückhaltung geprägt.»

"A little more moderation would be good. Of course, my life hasn't exactly been one of moderation."

TWITTER, Juni 2014

«Ich hab eine Elite-Uni besucht. Ich kann so politisch korrekt sein, dass Sie sich zu Tode langweilen.»

"I went to an Ivy League School. I can be so politically correct that you would be bored out of your mind."

CBS, Februar 2016

«Ich schlafe nie mehr als vier Stunden pro Nacht.»

"I don't sleep more than four hours a night."

PLAYBOY, März 1990

«Manche Menschen werfen einen Schatten, und manche entscheiden sich, in diesem Schatten zu leben.»

"Some people cast shadows, and other people choose to live in those shadows."

NEW YORK TIMES, September 2005

★★★★★

«Ich quengel, weil ich gewinnen will. Und ich bin nicht glücklich, wenn ich nicht gewinne. Ich bin ein Quengler, also quengel und quengel ich, bis ich gewonnen habe.»

★★★★★

★★★★★

"I do whine because I want to win, and I'm not happy about not winning, and I am a whiner, and I keep whining and whining until I win."

CNN, August 2015

★★★★★

«Da draußen bin ich ein verrücktes, angesagtes Phänomen. Ich weiß nicht genau, ob ich es definieren kann, und bin mir auch nicht sicher, ob ich das will.»

"There is something crazy, hot, a phenomenon out there about me, but I'm not sure I can define it and I'm not sure I want to."

NEW YORK TIMES, September 2004

«Mein Ruf ist mir sehr wichtig, und ich hab kein Problem damit, Leute zu verklagen.»

"I really value my reputation and I don't hesitate to sue."

VILLAGE VOICE, Januar 1979

«Ich könnte in der Mitte der 5th Avenue stehen und jemanden erschießen, und ich würde keine Stimmen verlieren.»

"I could stand in the middle of 5th Avenue and shoot somebody and I wouldn't lose voters."

SIOUX CENTER, IOWA, Januar 2016

«Der Wahlkampf würde ziemlich kollabieren, vor allem die Einschaltquoten … Es würde eine Fernsehdepression geben.»

"There'd be a major collapse of the race, and there'd be a major collapse of television ratings … It would become a depression in television."

WASHINGTON POST, Oktober 2015

Trump prophezeit das Ende des Mediums, sollte er den Wahlkampf beenden.

«Sorry, ihr Loser und Hater, mein IQ ist einfach einer der höchsten, und das wisst ihr auch! Bitte fühlt euch nicht so dumm und unsicher, ihr könnt ja nichts dafür.»

"Sorry losers and haters, but my I.Q. is one of the highest—and you all know it! Please don't feel so stupid or insecure, it's not your fault."

TWITTER, Mai 2013

TR

RUM

«Ich glaube nicht, dass ich Fehler gemacht habe. Jedes Mal, wenn jemand sagt, dass ich einen Fehler gemacht habe, gibt es Umfragen, und ich gewinne dazu. Also schätze ich mal, dass ich keine Fehler gemacht habe.»

"I don't think I've made mistakes. Every time somebody said I made a mistake, they do the polls and my numbers go up, so I guess I haven't made any mistakes."

NBC, Februar 2016

«Ich finde es großartig, wenn man sich entschuldigt, aber dafür muss man einen Fehler gemacht haben. Ich werde mich natürlich sofort entschuldigen, sollte ich irgendwann in ferner Zukunft jemals einen Fehler machen.»

"I think apologizing's a great thing, but you have to be wrong. I will absolutely apologize, sometime in the hopefully distant future, if I'm ever wrong."

THE TONIGHT SHOW, September 2015

«Ich hab eine tolle Beziehung zu Schwarzen.»

"I have a great relationship with the blacks."

THE ATLANTIC, April 2011

★★★★★

«Ich bin kein Volltrottel. Selbst wenn hier die Hölle ausbricht, verlier ich keinen Penny.»

"I'm not a schmuck. Even if the world goes to hell in a handbasket, I won't lose a penny."

CHICAGO TRIBUNE, März 1989

«Eine Person, die weniger rassistisch ist als ich, haben Sie noch nie getroffen.»

"I am the least racist person that you have ever met."

CNN, Dezember 2015

★★★★★

«Meine Finger sind lang und wunderschön, genauso – und dafür gibt es zahlreiche Beweise – wie diverse andere meiner Körperteile.»

"My fingers are long and beautiful, as, it has been well documented, are various other parts of my body."

NEW YORK POST, Oktober 2015

«Guckt euch diese Hände an. Sind die etwa klein? Und Rubio sagte bezogen auf meine Hände: ‹Wenn die klein sind, dann sind es andere Teile auch.› Ich garantiere euch, da gibt es keinerlei Probleme. Garantiert nicht.»

"Look at those hands, are they small hands? And, [Marco Rubio] referred to my hands: 'If they're small, something else must be small.' I guarantee you there's no problem. I guarantee."

CNN, März 2016

Marco Rubio hatte mit seinem Kommentar über Trumps Hände offensichtlich einen wunden Punkt getroffen.

«Es ist echt schwer, mich wegen meines Aussehens anzugreifen, weil ich einfach sehr gut aussehe.»

"It is very hard for them to attack me on looks, because I am so good looking."

TWITTER, Dezember 2015

★★★★★

«Dieses E-Mail-Ding mache ich nicht.»

"I don't do the email thing."

NEW YORK TIMES, 2007

«Mein Twitter ist so mächtig geworden, dass ich sogar meine Feinde dazu bringen kann, die Wahrheit zu sagen.»

"My Twitter has become so powerful that I can actually make my enemies tell the truth."

TWITTER, Oktober 2012

★★★★★

«Ich bin der Ernest Hemingway der 140 Zeichen.»

★★★★★

★★★★★

"I'm the Ernest Heming-way of 140 characters."

**WASHINGTON TIMES,
November 2015**

★★★★★

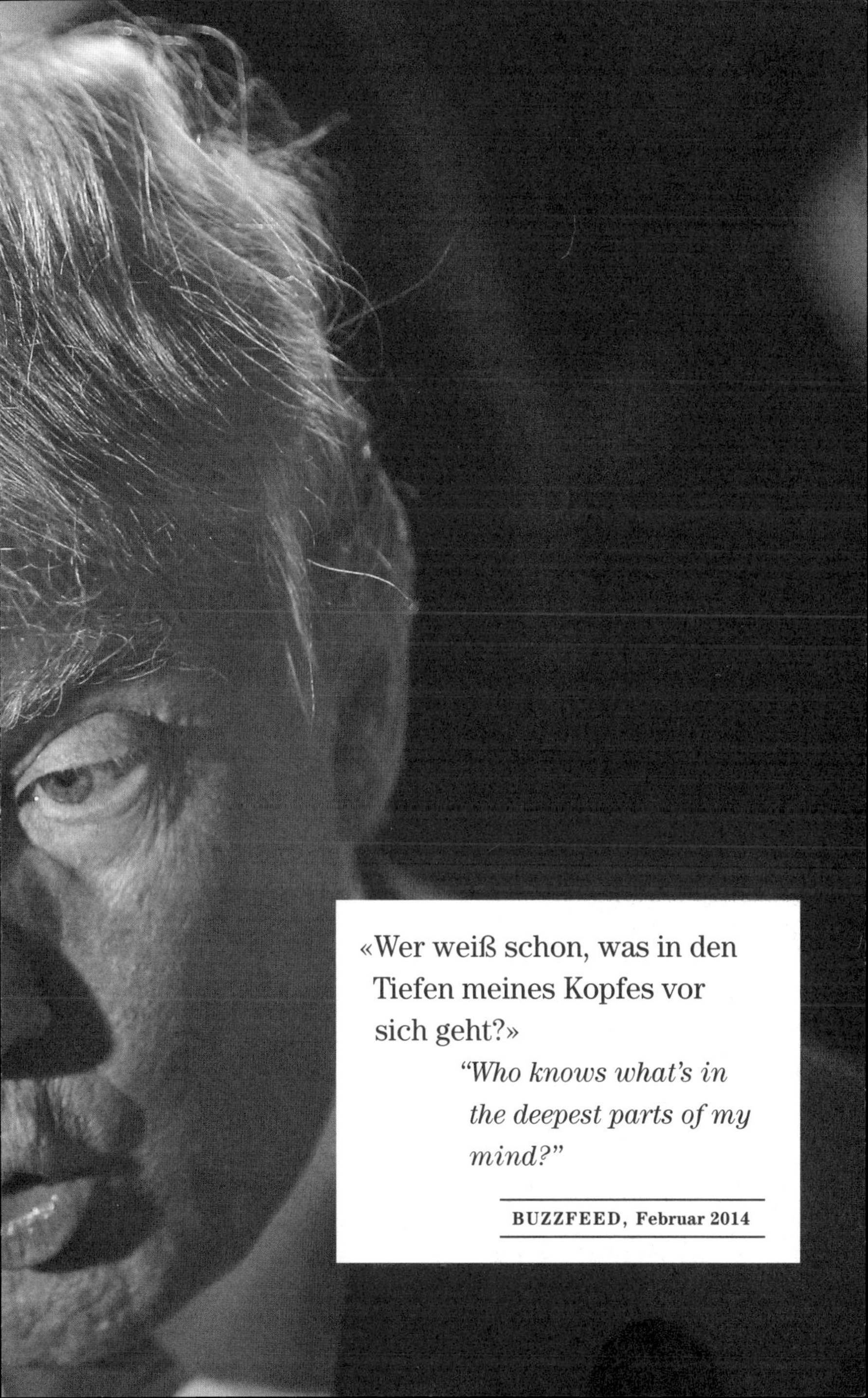

«Wer weiß schon, was in den Tiefen meines Kopfes vor sich geht?»

"Who knows what's in the deepest parts of my mind?"

BUZZFEED, Februar 2014

«Meine Aufmerksamkeitsspanne ist genau so lang, wie sie sein muss.»

"I have an attention span that's as long as it has to be."

TIME MAGAZINE, August 2015

«Die Menschen sind zu gutgläubig. Ich glaube niemandem »

"People are too trusting. I'm a very untrusting guy."

PLAYBOY, März 1990

«Ich habe phantastische Arbeit geleistet.»

"I've done an incredible job."

THE ATLANTIC, Januar 2014

«Die Menschen lieben mich. Wisst ihr, was, ich war sehr erfolgreich. Jeder liebt mich.»

"People love me. And you know what, I have been very successful. Everybody loves me."

CNN, Juli 2015

«Ich baue Gebäude. Ich bin ein Gebäudebauer. Ich weiß, wie man baut. Niemand kann so bauen, wie ich bauen kann. Niemand. Und die Gebäudebauer in New York werden das bestätigen. Ich baue das beste Produkt. Und mein Name hilft natürlich.»

"I own buildings. I'm a builder; I know how to build. Nobody can build like I can build. Nobody. And the builders in New York will tell you that. I build the best product. And my name helps a lot."

GOLF DIGEST, November 2014

«Man nimmt immer an, dass ich ein Druckkocher kurz vorm Explodieren bin, aber ich habe in Wahrheit einen sehr niedrigen Blutdruck. Das überrascht viele Leute.»

"People assume I'm a boiler ready to explode, but I actually have very low blood pressure, which is shocking to people."

CNN, Mai 2011

★★★★★

«Die Menschen sagen: ‹Mr. Trump, Sie sind nicht nett.› Aber eigentlich bin ich es.»

"People say, 'Mr. Trump, you're not a nice person.' But actually I am."

NY DAILY NEWS, Juni 2015

Trumps Politik

«Ich will nicht Präsident werden. Ich bin mir hundertprozentig sicher.»

"I don't want to be President. I'm 100 percent sure."

PLAYBOY, März 1990

«Wenn ich Präsident bin, werdet ihr sagen ...: ‹Bitte, Mr. President, wir gewinnen zu oft. Wir halten das nicht mehr aus. Können wir nicht einmal verlieren?› Und ich werde sagen: Nein, wir werden weiter siegen, siegen, siegen ... weil wir Amerika wieder groß machen werden. Und ihr werdet sagen: ‹Okay, Mr. President. Okay.›»

"And you'll say if I'm president ... 'Please, Mr. President, we're winning too much. We can't stand it anymore. Can't we have a loss?' And I'll say no, we're going to keep winning, winning, winning ... because we're going to make America great again. And you'll say, 'Okay, Mr. President. Okay.'"

REDE AN DER LIBERTY UNIVERSITY, Januar 2016

«Ich bin kein Freund von Kompromissen. Ich verstehe sie, und manchmal kann ein Kompromiss die richtige Antwort sein. Aber oft bedeutet Kompromiss das Gleiche wie Niederlage, und ich verliere nicht gern.»

"I'm not big on compromise. I understand compromise. Sometimes compromise is the right answer, but oftentimes compromise is the equivalent of defeat, and I don't like being defeated."

LIFE, Januar 1989

«Der Slogan ‹Make America great again› ist mir vor etwa einem Jahr eingefallen. Seitdem benutze ich ihn, und alle benutzen und lieben ihn. Weiß nicht, vielleicht sollte ich mir das Copyright darauf sichern. Vielleicht hab ich das sogar gemacht.»

"The line of 'Make America great again', the phrase, that was mine, I came up with it about a year ago, and I kept using it, and everybody's using it, they are all loving it. I don't know I guess I should copyright it, maybe I have copyrighted it."

ROLLING STONE, 25. März 2016

Ronald Reagan dürfte sich im Grab umdrehen, denn «Make America Great Again» war tatsächlich der Wahlkampfslogan seiner Präsidentschaftskampagne 1980.

★★★★★

★★★★★

«Ich war früher mal
Demokrat für eine Weile.
Und dann Unabhängiger.
Und dann wurde ich
Republikaner.»

★★★★★

★★★★★

"I was a Democrat for a period of time early on. And then I was also an independent. And then I became a Republican."

CNN, INTERVIEW, Juli 2015

★★★★★

«Ich glaube einfach, dass Republikaner viel zu abgedreht rechts sind.»

"I just believe the Republicans are just too crazy right."

NEW YORK TIMES, Oktober 1999

Zumindest dachte das Trump 1999 nach seinem Austritt aus der Republikanischen Partei.

★★★★★

«Ich hab Schwarze, die mein Geld zählen ... Das hasse ich. Die Einzigen, die mein Geld zählen sollten, sind kleine Männer, die den ganzen Tag ihre Kippa tragen.»

"I have black guys counting my money. ... I hate it. The only guys I want counting my money are short guys that wear yarmulkes all day."

USA TODAY, Mai 1991

«Ich hab Geschäfte mit Gaddafi gemacht. Ich hab ihm ein Stück Land vermietet, für das er mehr in einer Nacht bezahlt hat, als das Land in zwei Jahren einbringt. Und dann hab ich es ihn nicht benutzen lassen. So sollten wir es machen. Ich will nicht das Wort ‹bescheißen› benutzen. Aber ich hab ihn beschissen. So sollten wir es machen.»

"I dealt with Gaddafi. I rented him a piece of land. He paid me more for one night than the land was worth for two years, and then I didn't let him use the land. That's what we should be doing. I don't want to use the word 'screwed', but I screwed him. That's what we should be doing."

FOX NEWS, März 2011

«Wenn du nicht durch Geschäfte mit Politikern reich werden kannst, dann stimmt was nicht mit dir.»

"If you can't get rich dealing with politicians, there's something wrong with you."

GREENVILLE, SOUTH CAROLINA, Februar 2016

«Im Nahen Osten hacken sie Christen die Köpfe ab, dort hacken sie vielen anderen Menschen die Köpfe ab. Das Mittelalter – ich meine, wir kennen doch das Mittelalter –, seitdem haben die Menschen so etwas nicht mehr gesehen. Ich würde Waterboarding zurückbringen und noch weit Schlimmeres.»

"In the Middle East, we have people chopping the heads off Christians, we have people chopping the heads off many other people. The medieval times—I mean, we studied medieval times—not since medieval times have people seen what's going on. I would bring back waterboarding and I'd bring back a hell of a lot worse than waterboarding."

ST. ANSELM COLLEGE IN MANCHESTER, NEW HAMPSHIRE, Februar 2016

«26 000 nicht angezeigte sexuelle Übergriffe im Militär – nur 238 Verurteilungen. Was haben diese Genies denn erwartet, wenn sie Männer & Frauen zusammenstecken?»

"26 000 unreported sexual assaults in the military—only 238 convictions. What did these geniuses expect when they put men & women together?"

TWITTER, Mai 2013

★★★★★

«Ich glaube, unser Land ermordet auch so einige Menschen, Joe.»

"I think our country does plenty of killing also, Joe."

MSNBC, INTERVIEW MIT JOE SCARBOROUGH, Dezember 2015

Trump findet es nicht so schlimm, dass Putin ungemütliche Journalisten beseitigen lässt.

«Folter funktioniert, okay, Leute? Glaubt mir, es funktioniert. Waterboarding ist nur der Anfang. Manche denken, das sei keine richtige Form der Folter. Aber nehmen wir mal an, es wäre eine und ich werde gefragt: Was halten Sie von Waterboarding? Ich finde es total in Ordnung. Aber wir sollten noch viel härter werden als Waterboarding, wenn es nach mir geht.»

"Torture works, okay folks? Believe me, it works. Waterboarding is your minor form. Some people say it's not actually torture. Let's assume it is. But they asked me the question. What do you think of waterboarding? Absolutely fine. But we should go much stronger than waterboarding. That's the way I feel."

CBS NEWS, BLUFFTON, SOUTH CAROLINA, Februar 2016

«Keiner ist größer und besser in Sachen Militär als ich.»

"There's nobody bigger or better at the military than I am."

FOX, INTERVIEW MIT BILL O'REILLY, Juni 2015

★★★★★

«Ihr wisst, dass der IS reinkommen und sich im Vatikan breitmachen will? Das habt ihr schon gehört. Nach Italien zu kommen ist ihr größter Traum.»

"You know that ISIS wants to go in and take over the Vatican? You have heard that. You know, that's a dream of theirs, to go into Italy."

HUFFINGTON POST, August 2015

«#IS nimmt 400 Mio. $/Jahr durch Öl ein. Ich sag es seit Jahren. Wir müssen das Öl bombardieren!»

"#ISIS is making $400M/year on oil. I have been saying it for years. We need to bomb the oil!"

TWITTER, Dezember 2015

★★★★★

«Ich bin das Schlimmste, was dem IS jemals passiert ist.»

★★★★★

★★★★★

“I’m the worst thing that’s ever happened to ISIS.”

BARBARA WALTERS, INTERVIEW, Dezember 2015

★★★★★

«Im Irak gab es keine Terroristen. Hussein brachte sie alle direkt um, was heute so was wie die Harvard-Lehre des Terrorismus ist. Nicht dass ich finde, dass er ein netter Kerl war. Er war furchtbar. Aber wenn man sich den Irak vor sieben Jahren anguckt, war es dort viel besser als jetzt.»

"Iraq used to be no terrorists. He (Hussein) would kill the terrorists immediately, which is like now it's the Harvard of terrorism. If you look at Iraq from years ago, I'm not saying he was a nice guy, he was a horrible guy, but it was a lot better than it is right now."

CNN, Oktober 2015

«Das andere Ding mit Terroristen ist, dass wir ihre Familien ausschalten sollten. Wenn man an diese Terroristen herankommt, muss man die Familien umbringen. Deren Leben sind ihnen wichtig, da müssen wir uns nichts vormachen. Wenn sie sagen, ihre eigenen Leben sind ihnen egal, musst du ihre Familien töten.»

"The other thing with the terrorists is you have to take out their families, when you get these terrorists, you have to take out their families. They care about their lives, don't kid yourself.

When they say they don't care about their lives, you have to take out their families."

FOX NEWS, INTERVIEW, Dezember 2015

★★★★★

«Sie werden eine Fabrik bauen, und Illegale fahren die dort gebauten Autos direkt über die Grenze. Und am Ende stehlen sie die Autos wahrscheinlich wieder.»

"They're going to build a plant and illegals are going drive those cars right over the border. And they'll probably end up stealing the cars."

REDE IN IOWA, Oktober 2015

Trump erklärt seine Variante des Warenkreislaufes.

«Ich war schon auf Hochzeiten von Schwulen. Ich war aus Sicht der Bibel immer gegen gleichgeschlechtliche Ehen, aus der Sicht, die mir beigebracht wurde und mit der ich aufgewachsen bin in Sonntagsschule und Gottesdiensten.»

"I've gone to gay weddings. I have been against same-sex marriage from the standpoint of the Bible, from the standpoint of my teachings as growing up and going to Sunday school and going to church."

BLOOMBERG, INTERVIEW, August 2015

«Es ist wie beim Golfen. Ohne trivial klingen zu wollen, aber viele Menschen wechseln jetzt zu diesen sehr langen Schlägern, ziemlich hässlich und seltsam. Man sieht tolle Spieler mit diesen langen Schlägern, weil sie keine Ein-Meter-Puts mehr versenken können. Und ich hasse das. Ich bin ein Traditionalist. Ich hab fabelhafte Freunde, die zufällig schwul sind, aber ich bin ein Traditionalist.»

> *"It's like in golf. A lot of people—I don't want this to sound trivial—but a lot of people are switching to these really long putters, very unattractive. It's weird. You see these great players with these really long putters, because they can't sink three-footers anymore. And, I hate it. I am a traditionalist. I have so many fabulous friends who happen to be gay, but I am a traditionalist."*

NEW YORK TIMES, Mai 2011

★★★★★

«Wann haben wir das letzte Mal zum Beispiel China bei einem Handelsdeal geschlagen? Die machen uns fertig. Ich schlage China dauernd.»

"When was the last time anybody saw us beating, let's say, China in a trade deal? They kill us. I beat China all the time."

TRUMP TOWER, Juni 2015

«Man sagt, dass ich China nicht mag. Aber ich liebe es. Ich hab gerade eine Wohnung für 15 Millionen Dollar an jemanden aus China verkauft. Wie soll ich sie da nicht mögen?»

"People say: 'You don't like China.' No, I love them ... I just sold an apartment for $15 million to someone from China. Am I supposed to dislike them?"

TRUMP TOWER, Juni 2015

«Es ist nicht so, dass ich antichinesisch bin. Ich finde nur, dass es lächerlich ist, dass wir zulassen, was sie mit diesem Land machen, mit der Manipulation der Währung und all den anderen Dingen.»

"It's not like I'm anti-China. I just think it's ridiculous that we allow them to do what they're doing to this country, with the manipulation of the currency and all of the other things that they do."

THE GUARDIAN, April 2016

★ ★ ★ ★ ★

«Ich werde eine riesige Mauer bauen – niemand kann das besser als ich, glaubt mir –, und ich baue sie sehr günstig. Ich baue eine große, große Mauer an unserer südlichen Grenze, und Mexiko wird dafür bezahlen. Merkt euch meine Worte.»

"I will build a great wall—and nobody builds walls better than me, believe me—and I'll build them very inexpensively. I will build a great, great wall on our southern border, and I will make Mexico pay for that wall. Mark my words."

TRUMP TOWER, Juni 2015

«Na ja, irgendjemand vergewaltigt, Don. Irgendjemand macht das. Wer sind die Vergewaltiger? Wer sind die Vergewaltiger?»

"Well, somebody's doing the raping, Don. I mean somebody's doing it. Who's doing the raping? Who's doing the raping?"

CNN, INTERVIEW MIT DON LEMON, Juli 2015

«Wenn uns Mexiko seine Leute schickt, dann schicken sie nicht die besten. Sie schicken Menschen mit Problemen. Sie bringen Drogen, sie bringen Verbrechen. Sie sind Vergewaltiger.»

"When Mexico sends its people, they're not sending their best. They're sending people that have lots of problems. They're bringing drugs. They're bringing crime. They're rapists."

TRUMP TOWER, Juni 2015

«Die werden sie nach mir benennen, ich will eine wunderschöne Mauer, ah, die Trump Mauer.»

"They will put my name on it, I want a gorgeous wall, ah the Trump Wall."

DALLAS, TEXAS, September 2015

«13 syrische Flüchtlinge wurden beim Versuch geschnappt, an der südlichen Grenze in die USA zu kommen. Wie viele haben es geschafft? WIR BRAUCHEN DIE MAUER!»

"13 Syrian refugees were caught trying to get into the U.S. through the Southern Border. How many made it? WE NEED THE WALL!"

TWITTER, November 2015

«Es ist eiskalt und schneit in New York – wir brauchen die globale Klimaerwärmung!»

"It's freezing and snowing in New York— we need global warming!"

TWITTER, 7. Dezember 2012

«Die Idee der Klimaerwärmung wurde von und für Chinesen erfunden, um die US-Produktion wettbewerbsunfähig zu machen.»

"The concept of global warming was created by and for the Chinese in order to make U.S. manufacturing non-competitive."

TWITTER, 6. November 2012

«Windkraftanlagen werden der Tod Schottlands und sogar Englands sein, wenn sie sich nicht wehren. Sie ruinieren die Landschaft.»

"Windmills are going to be the death of Scotland and even England if they don't do something about them. They are ruining the countryside."

HERALD, März 2013

★★★★★

«Wir werden die besten Unterhändler der Welt haben. Ich kenne die meisten von ihnen. Und glaubt mir, ich kenne Leute, von denen ihr noch nie gehört habt, die besser sind als die, von denen ihr gehört habt.»

"We're gonna have the smartest the best negotiators in the world. I know most of them. And believe me I know people you have never heard of who are better than the ones that you did hear of."

LAS VEGAS, NEVADA RALLY, Oktober 2015

«Wir müssen mit Bill Gates reden und vielen verschiedenen Leuten, die eine Ahnung davon haben, was passiert. Wir müssen mit ihnen besprechen, wie wir das Internet schließen können in einigen Bereichen. Dann sagt wieder jemand: ‹Oh, Meinungsfreiheit, Meinungsfreiheit.› Das sind Hohlköpfe. Es gibt hier viele Hohlköpfe.»

"We have to go see Bill Gates and a lot of different people that really understand what's happening. We have to talk to them, maybe in certain areas, closing that Internet up in some way. Somebody will say, 'Oh, freedom of speech, freedom of speech.' These are foolish people. We have a lot of foolish people."

MOUNT PLEASANT, SOUTH CAROLINA, Dezember 2015

★★★★★

«Wenn man eine gute Einschaltquote hat, berichten sie über dich, selbst wenn du nichts zu sagen hast.»

★★★★★

★★★★★

"If you get good ratings, they'll cover you even if you have nothing to say."

DALLAS, TEXAS, September 2015

★★★★★

«Ich hab nichts gegen eine kleine Verbeugung. In Japan verbeugen sie sich, das liebe ich. Es ist das Einzige, was ich an Japan liebe.»

"I wouldn't mind a little bow. In Japan, they bow. I love it. Only thing I love about Japan."

WASHINGTON POST, INTERVIEW, September 2004

«Ich schüttele gerne Hände – politisch. Ich glaube, man kann kein Politiker sein, wenn man das nicht mag.»

"I shake hands very gladly politically. I don't think you could be a politician if you didn't shake hands."

GQ, November 2015

«Ich glaube übrigens fest an Umfragen. Man sieht selten eine Umfrage, die richtig danebenliegt.»

"I'm a believer in the polls, by the way. Rarely do you see a poll that's very far off."

WASHINGTON POST, Dezember 2015

«Wir bringen die Unternehmen hierher zurück, die früher in New Hampshire waren und jetzt in Mexiko sind. Und dann könnt ihr ihnen sagen, sie sollen sich zum Teufel scheren, weil sie euch im Stich gelassen haben und abgehauen sind.»

"We're gonna bring businesses back. We're gonna have businesses that used to be in New Hampshire, that are now in Mexico, come back to New Hampshire, and you can tell them to go fuck themselves. Because they let you down, and they left!"

PORTSMOUTH, NEW HAMPSHIRE, Februar 2016

«Ich werde der großartigste Job-Präsident werden, denn Gott jemals schuf.»

"I will be the greatest jobs president that God ever created."

TRUMP TOWER, Juni 2015

★ ★ ★ ★ ★

★★★★★

«Wir haben bei den Ungebildeten gewonnen. Ich liebe ungebildete Menschen.»

★★★★★

★★★★★

"We won with poorly educated. I love the poorly educated."

LAS VEGAS, NEVADA, Februar 2016

★★★★★

«Jetzt gehören der Reform-Partei also Mr. Duke, ein Ku-Klux-Klan-Mitglied, Mr. Buchanan, ein Neonazi, und Ms. Fulani, eine Kommunistin, an. Das ist kein Umgang, den ich pflegen möchte.»

"So the Reform Party now includes a Klansman, Mr. Duke, a neo-Nazi, Mr. Buchanan, and a communist, Ms. Fulani. This is not company I wish to keep."

NEW YORK TIMES, Februar 2000

«Nur damit Sie mich verstehen, ich weiß nichts von einem David Duke. Ich weiß nicht mal, was Sie meinen mit Weißer Vorherrschaft oder den White Supremacists. Also, ich weiß nicht, ob er mich unterstützt oder was da los ist.»

"Just so you understand, I don't know anything about David Duke, OK? I don't know anything about what you're even talking about with white supremacy or white supremacists. So I don't know. I don't know—did he endorse me, or what's going on?"

CNN, INTERVIEW, 28. Februar 2016

Trump erinnert sich plötzlich nicht mehr so richtig, welchen Umgang er nicht pflegt.

«Ich hab gesehen, wie die Türme des World Trade Center zusammenbrachen. Ich war in Jersey City, New Jersey, wo Abertausende von Menschen gejubelt haben, als die Türme fielen.»

"Hey, I watched when the World Trade Center came tumbling down. And I watched in Jersey City, New Jersey, where thousands and thousands of people were cheering as that building was coming down."

WASHINGTON POST, November 2015

Trump behauptet, am 11. September 2001 eine muslimische Jubelfeier beobachtet zu haben, bisher hat sich kein einziger weiterer Zeuge gemeldet.

«Ich war vor Ort, und ich habe unsere Polizei und unsere Feuerwehr unten beim 7-Eleven beim World Trade Center beobachtet.»

«I was down there and I watched our police, our firemen down on 7/11, at the World Trade Center.»

BUFFALO, April 2016

Trump hatte wahrscheinlich Lust auf einen Slurpee in der Supermarktkette 7-Eleven am 11. September.

«Jimmy Carter kam immer mit seinem eigenen Gepäck aus dem Flugzeug, erinnerst du dich? Ich will nicht, dass mein Präsident sein eigenes – ich will dass die verdammten Marines sein Gepäck tragen und dass sie das auch wollen.»

"Jimmy Carter used to walk off the airplane carrying his own luggage. Do you remember that? I don't want my president carrying—I want the freaking Marines to be carrying his luggage, and they want to carry his luggage."

HOWARD STERN, INTERVIEW, 2013

«Donald Trump verlangt ein totales und vollständiges Einreiseverbot für Muslime in die USA.»

"Donald Trump is calling for a total and complete shutdown of Muslims entering the United States."

TRUMP, PRESSEMITTEILUNG, Dezember 2015

★★★★★

«Wenn ihr jemanden seht, der eine Tomate werfen will, seid so nett und prügelt auf ihn ein. Ich verspreche, dass ich die Anwaltskosten übernehme.»

"If you see somebody getting ready to throw a tomato, knock the crap out of him, would you? I promise you I will pay for the legal fees."

LAS VEGAS, NEVADA, Februar 2016

Trump zeigt sich fürsorglich für seine Anhänger, die ihn bei öffentlichen Veranstaltungen handfest verteidigen möchten.

★★★★★

Trump über Freund und Feind

«Wenn unsere Präsidenten einfach an den Strand gegangen wären und sich an Sonne und Ozean erfreut hätten, ginge es uns im Nahen Osten viel besser.»

"If our presidents would have just gone to the beach and enjoyed the ocean and the sun, we would've been much better off in the Middle East."

NEW YORK TIMES, März 2016

«Eins der Hauptprobleme heutzutage ist, dass die Politik so eine Schande ist. Gute Menschen gehen nicht in die Regierung.»

"One of the key problems today is that politics is such a disgrace. Good people don't go into government."

TELEGRAPH, April 2011

★★★★★

«Wir werden von sehr, sehr dummen Leuten regiert.»

★★★★★

★★★★★

“We are led by very, very stupid people.”

REUTERS, April 2011

★★★★★

«Ich bin ja eher konservativ, aber Buchanan ist Attila, der Hunne.»

"I'm on the conservative side, but Buchanan is Attila the Hun."

NEWSWEEK, 1999

Im Vergleich zum ehemaligen Präsidentschaftskandidaten Pat Buchanan findet sich Trump ziemlich friedlich.

«Er liebt Hitler. Ich schätze mal, er ist ein Antisemit. Mag die Schwarzen nicht, mag die Schwulen nicht. Es ist unglaublich, dass ihn irgendjemand unterstützt. Der kriegt vielleicht vier, fünf Prozent der Stimmen, und das werden richtig rechte Spinner sein.»

"He's a Hitler lover. I guess he's an anti-Semite. He doesn't like the blacks, he doesn't like the gays. It's just incredible that anybody could embrace this guy. And maybe he'll get 4 or 5 percent of the vote and it'll be a really staunch right wacko vote."

NBC NEWS, April 2011

Trump kennt sich aus mit den Stimmen rechter Spinner für Pat Buchanan.

★ ★ ★ ★ ★

«Ich hab ihn nie wegen seines Aussehens angegriffen, und glaubt mir, da gibt es einiges an Material.»

"I never attacked him on his look, and believe me, there's plenty of subject matter right there."

CNN, September 2015

Donald Trump beschränkt seine Kritik an seinem republikanischen Kontrahenten Rand Paul rein aufs Fachliche.

«Diese Menschen – am liebsten würde ich richtig unhöflich werden, aber das werde ich nicht tun. Ich wollte sagen, sie haben nur Scheiße im Kopf, aber ich sag es nicht.»

*"These people—I'd like to use really foul language. I won't do it. I was going to say they're really full of s**t, but I won't say that."*

EXETER, NEW HAMPSHIRE, Februar 2016

★ ★ ★ ★ ★

«Wirklich, ich mag Ted Cruz sehr gerne.»

"I really do, I like Ted Cruz a lot."

C-SPAN, Dezember 2015

«Ich glaube nicht, dass Ted Cruz eine Chance hat. Er ist ein ekliger Typ, niemand mag ihn.»

"I don't think Ted Cruz has a great chance … he's a nasty guy, nobody likes him."

ABC NEWS, Januar 2016

★★★★★

«Wie dumm sind eigentlich die Leute in Iowa?»

"How stupid are the people of Iowa?"

FORT DODGE, IOWA, November 2015

«Ich liebe Iowa, wir haben hier sehr gut abgeschnitten.»

"I love Iowa, we've done really well here."

CLEAR LAKE, IOWA, Januar 2016

★★★★★

«Ich kenne Politiker, die eigentlich Frauen lieben, das aber geheimhalten, weil sie sonst die schwulen Stimmen verlieren, alles klar?»

"I know politicians who love women who don't even want to be known for that, because they might lose the gay vote, OK?"

PLAYBOY, März 1990

«Er ist kein Kriegsheld, nur weil er in Gefangenschaft geriet. Mir sind Leute lieber, die gar nicht erst gefangen genommen werden.»

"He's not a war hero—he's a war hero because he was captured. I like people that weren't captured."

FAMILY LEADERSHIP SUMMIT, AMES, IOWA, Juli 2015

Trump über den ehemaligen Präsidentschaftskandidaten John McCain. Trump selbst war übrigens nie beim Militär.

«Rick Santorum? Ich hab einen dicken Flieger. Er nicht.»

“Rick Santorum? I have a big plane. He doesn’t.”

DES MOINES REGISTER, April 2015

Trump über seinen republikanischen Gegenkandidaten Rick Santorum und die Frage, wer den Größeren hat.

«Rick Perry trägt eine Brille, damit die Leute ihn für klug halten ... Aber man kann in beide Richtungen durch das Brillenglas sehen.»

"Rick Perry put on glasses so people think he's smart. ... People can see through the glasses."

BLUFFTON, SOUTH CAROLINA, Juli 2015

«Guckt euch dieses Gesicht an! Würde das irgendjemand wählen? Kannst du dir das vorstellen als Gesicht unseres nächsten Präsidenten?»

"Look at that face! Would anyone vote for that? Can you imagine that, the face of our next president?"

ROLLING STONE, September 2015

Trump hält das Gesicht seiner Konkurrentin Carly Fiona für nicht regierungsfähig.

★★★★★

«Putin ist ein starker Anführer … Der macht Hackfleisch aus unserem Präsidenten.»

★★★★★

★★★★★

"Putin is a strong leader …
He's making mincemeat
out of our president."

CNN, März 2016

★★★★★

«Hillary Clinton ist eine tolle Frau. Ich bin ein bisschen voreingenommen, weil wir uns seit Jahren kennen, aber ich finde, dass sie sehr hart und erfolgreich arbeitet. Ich mag sie.»

"Hillary Clinton is a terrific woman. I'm a little biased because I've known her for years, but I think she really works hard and she does a good job. I like her."

FOX NEWS, März 2012

«Hillary setzt alles auf die Frauenkarte. Ernsthaft, außer der Frauenkarte hat sie nichts in der Hand, das könnt ihr mir glauben.»

"She's playing the woman card up, that's all she has. Honestly, outside of the woman card, she's got nothing going, believe me."

FORT DODGE, IOWA, November 2015

«Da wurde es ihr richtig besorgt. Also verloren, sie hat verloren, meinte ich.»

"She got schlonged, she lost, I mean she lost."

CNN, Dezember 2015

«Wenn Hillary noch nicht mal ihren Ehemann befriedigen kann, wie kommt sie dann darauf, Amerika befriedigen zu können?»

"If Hillary Clinton can't satisfy her husband, what makes her think she can satisfy America?"

TWITTER, April 2015

«Hillary war die schlechteste Außenministerin in der Geschichte der USA. Es gab nie jemanden, der so schlecht war wie Hillary. Die Welt um uns ging in Flammen auf, wir haben alles verloren, inklusive all unserer Beziehungen. Die Regierungsarbeit ihres Ministeriums hat nicht ein gutes Ergebnis hervorgebracht.»

"Hillary Clinton was the worst secretary of state in the history of the United States. There's never been a secretary of state so bad as Hillary. The world blew up around us. We lost everything, including all relationships. There wasn't one good thing that came out of that administration or her being secretary of state."

NBC NEWS, Juli 2015

★ ★ ★ ★ ★

«Sorry, aber heute Abend ist kein Star auf der Bühne.»

"Sorry, there is no STAR on the stage tonight!"

TWITTER, Oktober 2015

Trump vermisst sich selbst beim TV-Duell der Demokraten.

★★★★★

«Ich glaube, der einzige Unterschied zwischen mir und den anderen Kandidaten ist, dass ich ehrlicher bin und meine Frauen hübscher.»

★★★★★

★★★★★

“I think the only difference between me and the other candidates is that I’m more honest and my women are more beautiful.”

NEW YORK TIMES, November 1999

Für die Wahl im Jahr 2000 spielt Trump auch mit der Idee einer Kandidatur und legt schon mal die Prioritäten fest.

★★★★★

«Wenn Obama jetzt zurücktritt und unserem Land damit einen großen Dienst erweist – dann darf er lebenslang umsonst auf meinen Golfplätzen spielen.»

"If Obama resigns from office NOW, thereby doing a great service to the country—I will give him free lifetime golf at any one of my courses!"

TWITTER, September 2014

«Der Mann, der das zweite Buch geschrieben hat ... hat das erste nicht geschrieben. Der Unterschied war so groß wie zwischen Hühnersalat und Hühnerscheiße.»

*"The man that wrote the second book ... didn't write the first book. The difference was like chicken salad and chicken s**t."*

BOCA RATON, FLORIDA, April 2011

Trump äußert sich als kulinarischer Literaturkritiker zum Frühwerk von Barack Obama.

«Mit Obama steuern wir in den Dritten Weltkrieg, weil niemand den Typen respektiert.»

"With Obama, we'll end up in World War III, because the guy is not respected."

ESQUIRE, Januar 2016

«Meine Leute untersuchen Obamas Geburtsurkunde und können gar nicht glauben, was sie da entdecken … Ich will, dass er die Urkunde öffentlich macht, und um ehrlich zu sein, ich hoffe, er kann das überhaupt. Denn wenn er es nicht kann, wenn er nicht in diesem Land geboren ist, was eine echte Möglichkeit ist …, hat er eines der größten Gaunerstücke in der Geschichte der Politik durchgezogen.»

"I have people that have been studying [Obama's birth certificate] and they cannot believe what they're finding ... I would like to have him show his birth certificate, and can I be honest with you, I hope he can. Because if he can't, if he can't, if he wasn't born in this country, which is a real possibility … then he has pulled one of the great cons in the history of politics."

TODAY, NBC, April 2011

Trump ist sich sicher, da ist was faul mit Obamas Herkunft.

★★★★★

«Eine ‹extrem vertrauenswürdige Quelle› hat sich in meinem Büro gemeldet und mir gesagt, dass Obamas Geburtsurkunde gefälscht ist.»

★★★★★

★★★★★

“An ‘extremely credible source’ has called my office and told me that Barack Obama’s birth certificate is a fraud.”

TWITTER, 2012

... schließlich hat er es aus erster Hand.

★★★★★

«Irgendwas steht auf dieser Geburtsurkunde, vielleicht über Religion, vielleicht steht da, dass er Moslem ist. Vielleicht will er nicht, dass das rauskommt. Oder er hat gar keine.»

“There is something on that birth certificate—maybe religion, maybe it says he’s a muslim. I don’t know. Maybe he doesn’t want that. Or, he may not have one.”

GOOD MORNING AMERICA, ABC, April 2011

... irgendwas wird schon dran sein.

«Was zur Hölle hat er sich dabei gedacht? Er ist wie ein Baby.»

“What the hell did he think? He’s like a baby!”

EAU CLAIRE, WISCONSIN, April 2016

Ob Trump Obama wenigstens jetzt für ein in Amerika geborenes Baby hält?

«Wissen Sie, dass Hillary Clinton auch Anhängerin der ‹Birther›-Bewegung war? Die Menschen haben vergessen, dass sie alles darangesetzt hat, diese Dokumente zu bekommen. Genauso wie John McCain. Die wollten diese Nachweise. Konnten sie nicht bekommen. Hillary hat versagt, John McCain hat versagt. Trump hat Obama dazu gebracht, irgendwas rauszurücken. Keine Ahnung, was zum Teufel das war, aber das ist auch vollkommen egal.»

"Do you know that Hillary Clinton was a birther? She wanted those records and fought like hell. People forgot. Did you know John McCain was a birther? Wanted those records? They couldn't get the records. Hillary failed. John McCain failed. Trump was able to get Obama to give something—I don't know what the hell it was—but it doesn't matter."

CNN, Juli 2015

Na gut, aber die anderen haben es nicht mal geschafft, zu beweisen, dass nichts dran war!

★★★★★

«Unser toller afroamerikanischer Präsident hat nicht gerade viel Einfluss auf die Gangster, die so fröhlich und öffentlich Baltimore zerstören.»

"Our great African-American President hasn't exactly had a positive impact on the thugs who are so happily and openly destroying Baltimore."

TWITTER, April 2015

«Unser schwächelnder Präsident, der jedem den Hintern küsst, ist in mehr Kriege verwickelt, als ich es je erlebt hab. Jetzt ist er in Libyen, in Afghanistan, im Irak. Niemand hat Respekt vor uns.»

"Our weak President, that kisses everybody's ass, is in more wars than I have ever seen. Now he's in Libya, he's in Afghanistan, he's in Iraq. Nobody respects us."

THE O'REILLY FACTOR, FOX, April 2011

★★★★★

«Die anderen Kandidaten sind da reingegangen, ohne zu wissen, dass die Klimaanlage nicht funktioniert. Die haben geschwitzt wie die Schweine. Wie sollen die denn den IS besiegen?»

"The other candidates—they went in, they didn't know the air conditioning didn't work. They sweated like dogs ... How are they gonna beat ISIS?"

THEPOLITICALINSIDER.COM, Oktober 2015

«Ich beschreibe Jeb Bush als einen Menschen mit Niedrigenergie. Dummerweise für ihn ist das hängengeblieben. Es stimmt ja auch: Er hat wenig Energie. Das macht ihn noch nicht zu einem schlechten Menschen.»

"I describe Jeb Bush as a 'low-energy' individual, and unfortunately for him, that stuck. And it's true: he's a low-energy person. That doesn't make him a bad person."

BUSINESSINSIDER, November 2015

Trump nimmt seinen Konkurrenten Jeb Bush in Schutz. Vor seinen eigenen Aussagen.

«Jeb Bush mag illegale Einwanderer wegen seiner Frau.»

"Jeb Bush likes illegals because of his wife."

TWITTER, Juli 2015

Trump hätte die gebürtige Mexikanerin Mrs. Bush wohl nicht über seine Mauer gelassen.

«Perversen-Alarm. @RepWeiner ist zurück auf Twitter. Alle minderjährigen Mädchen: Blockt ihn sofort.»

"Pervert Alert, @RepWeiner is back on Twitter. All girls under the age of 18, block him immediately."

TWITTER, November 2012

Trump warnt fürsorglich vor dem wegen einer Nacktbilder-Affäre zurückgetretenen demokratischen Abgeordneten Anthony Weiner.

«Ich habe in sechs Staaten für die Romney-Kampagne gearbeitet und alle gewonnen. Wenn sie mich in Florida und Ohio benutzt hätten, wäre er heute Präsident.»

"Romney campaign used me in 6 primary states and won every one—they should have used me in Florida and Ohio & he would be president."

TWITTER, November 2012

★ ★ ★ ★ ★

«Man kann sagen, was man will, aber das World Trade Centre wurde während seiner Regierungszeit zum Einsturz gebracht.»

"Say what you want, the World Trade Centre came down during his time."

BLOOMBERG, Oktober 2015

Trump will nichts Schlechtes über die Regierungszeit von George W. Bush sagen.

«Ich glaube, Bush ist wahrscheinlich der schlechteste Präsident in der Geschichte der USA.»

"I think Bush is probably the worst President in the history of the United States."

CNN, Dezember 2007

Na gut, fast nichts Schlechtes.

★★★★★

«Zu Edward Snowden gibt es zwei Einstellungen, logischerweise. Es gibt: Er ist wunderbar. Und es gibt: Er ist schrecklich. Ich gehöre zur schrecklichen Kategorie.»

"Edward Snowden has been, you know, you have the two views on Snowden, obviously: You have, he's wonderful, and you have, he's horrible. I'm in the horrible category."

NEW YORK TIMES, März 2016

«Politiker haben große Klappen und nichts dahinter.»

"Politicians are all talk and no action."

TWITTER, Mai 2015

Trump, der Frauenversteher

«Man muss sie beschissen behandeln.»

"You have to treat 'em like shit."

NEW YORK MAGAZINE, November 1992

«Ich würde zum Beispiel Texas nicht vorschreiben wollen, ob Frauen Menschen sind.»

"I wouldn't want to tell Texas whether women are humans, for example."

THE BOROWITZ REPORT, April 2016

«Alle Frauen bei ‹The Apprentice› haben mit mir geflirtet – bewusst oder unbewusst. Das war ja zu erwarten.»

"All of the women on 'The Apprentice' flirted with me—consciously or unconsciously. That's to be expected."

NY DAILY NEWS, März 2004

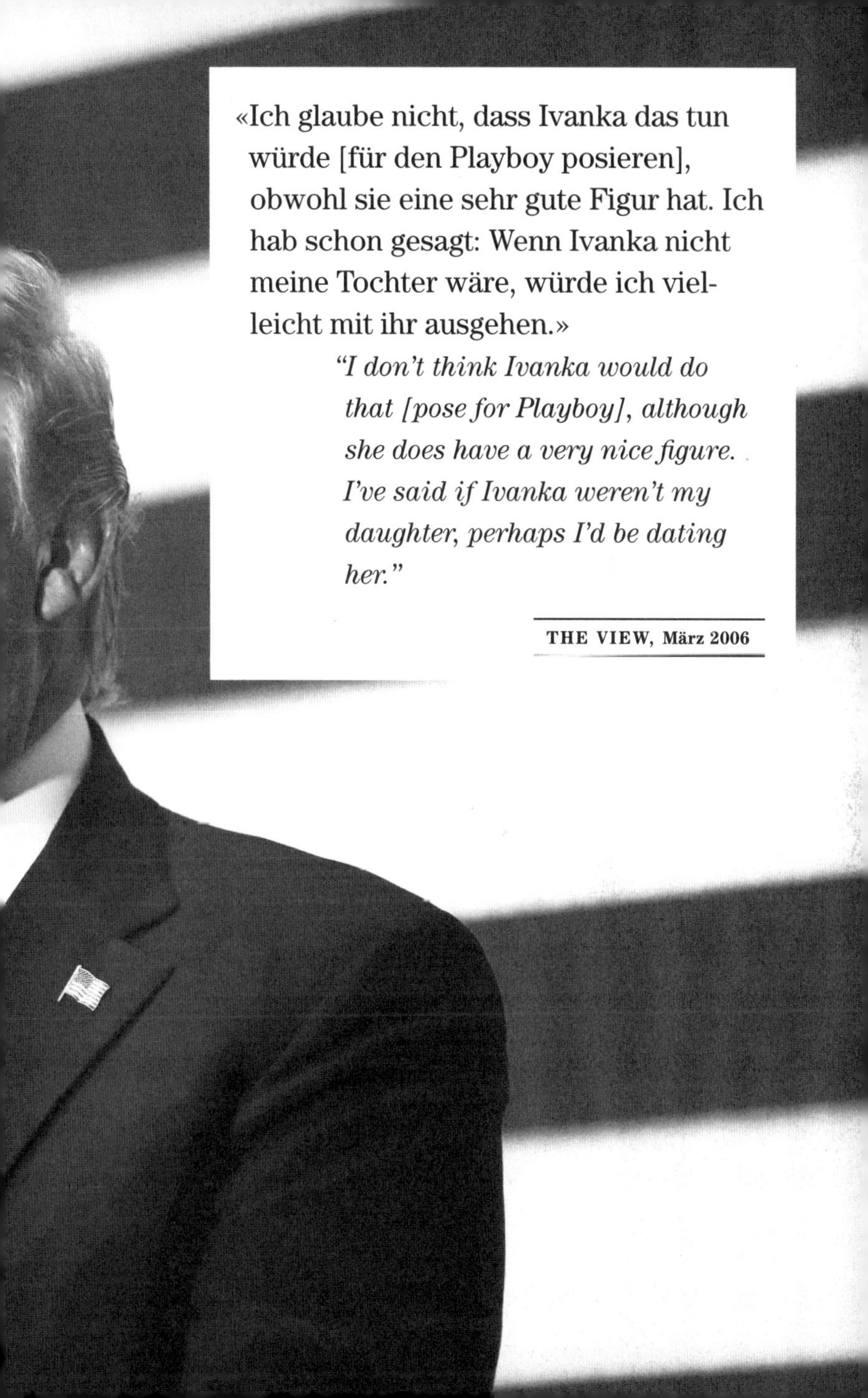

«Ich glaube nicht, dass Ivanka das tun würde [für den Playboy posieren], obwohl sie eine sehr gute Figur hat. Ich hab schon gesagt: Wenn Ivanka nicht meine Tochter wäre, würde ich vielleicht mit ihr ausgehen.»

"I don't think Ivanka would do that [pose for Playboy], although she does have a very nice figure. I've said if Ivanka weren't my daughter, perhaps I'd be dating her."

THE VIEW, März 2006

★★★★★

«Sie ist wirklich ein Monster geworden ... Ich meine Monster natürlich nur im Positiven.»

★★★★★

★★★★★

"She really has become a monster ... I mean monster in the most positive way."

TWITTER, Juli 2015

Trump freut sich über seine schwangere Frau Melania.

★★★★★

«Ich liebe Kinder. Also, nicht, dass ich mich irgendwie um sie kümmern würde. Ich besorge den Unterhalt, und sie kümmert sich um die Kinder. Man wird mich nicht beim Spazierengehen mit den Kindern im Central Park erwischen.»

"Cause I like kids. I mean, I won't do anything to take care of them. I'll supply funds and she'll take care of the kids. It's not like I'm gonna be walking the kids down Central Park."

HOWARD STERN SHOW, 2005

«Sie gibt mir nicht hundert Prozent. Sie gibt mir 84 Prozent, und 16 Prozent sind dafür da, sich um die Kinder zu kümmern.»

"She's not giving me 100 percent. She's giving me 84 percent, and 16 percent is going towards taking care of children."

TIME, Mai 2011

«Für eine flachbrüstige Person ist es kaum möglich, superheiß zu sein.»

"A person who is flat-chested is very hard to be a 10."

HOWARD STERN SHOW, 2005

«Das sind keine Topfrauen, das sag ich dir. Ich bin sehr domestiziert worden. Es ist eine traurige Geschichte.»

"They're not tens, I can tell you that. I've been very domesticated. It's a sad event."

HOWARD STERN SHOW, 2013

Trump beschwert sich, dass seine Frau keine schöneren Haushaltshilfen einstellt.

«Wir könnten politisch korrekt sein und sagen, dass Aussehen egal ist, aber natürlich stimmt das nicht. Du zum Beispiel würdest deinen Job nicht haben, wenn du nicht hübsch wärest.»

"I mean, we could say politically correct that look doesn't matter, but the look obviously matters. Like you wouldn't have your job if you weren't beautiful."

LAST WEEK TONIGHT, September 2014

Trump versucht, einer Reporterin, die ihn interviewt, ein Kompliment zu machen.

«Eigentlich haben sie es leichter. Sie müssen sich nicht mal schminken.»

"In fact, it's easier. They don't have to put on makeup or anything."

NEW HAMPSHIRE RALLY, Dezember 2015

Trump findet, dass Burkas durchaus Vorteile für Frauen haben.

«Ob man ihn liebt oder hasst, Donald Trump ist ein Mann, der weiß, was er will, und ohne Zurückhaltung alles daransetzt, es zu kriegen. Frauen finden seine Macht fast so attraktiv wie sein Geld.»

"Love him or hate him, Donald Trump is a man who is certain about what he wants and sets out to get it, no holds barred. Women find his power almost as much of a turn-on as his money."

BOINGBOING.NET, September 2014

«Man konnte das Blut in ihren Augen sehen. Das Blut aus ihrer ... was auch immer.»

"You could see there was blood coming out of her eyes. Blood coming out of her whatever."

TWITTER, August 2015

Trump über die FOX-Reporterin Megyn Kelly nach einer Live-Debatte.

★★★★★

«Hat sie einen guten Körper? Nein. Hat sie einen fetten Arsch? Absolut.»

★★★★★

★★★★★

"Does she have a good body? No. Does she have a fat ass? Absolutely."

HOWARD STERN SHOW, 2013

An Kim Kardashian kann Trump nichts Gutes finden.

★★★★★

«Cher ist ein durchschnittliches Talent, die jeden Bezug zur Realität verloren hat. Cher ist eine ziemliche Loserin. Sie ist einsam. Sie ist unglücklich. Sie ist einfach jämmerlich.»

"Cher is an average talent who's out of touch with reality. Cher is somewhat of a loser. She's lonely. She's unhappy. She's very miserable."

FOX NEWS, 2012

«@Cher – Ich trage keine Perücke, es ist meins. Und ich verspreche, nicht über deine heftigen Schönheits-OPs zu reden, die alle schiefgegangen sind.»

"@Cher—I don't wear a rug its mine. And I promise not to talk about your massive plastic surgeries that didn't work."

TWITTER, November 2012

Trump bleibt Gentleman und schweigt.

«Ich liebe ihre ... ihren Oberkörper. Ihre Haut ist wunderschön. Aber was ich an Halle Berry hasse, ist, dass es immer Drama um sie herum gibt. Immer Streit, Autounfälle, Prügeleien, ihre Freunde, die sich mit dem Exmann um ihr Kind streiten.»

"I love her ... upper body. I think her skin is beautiful. What I hate about Halle Berry is there's always drama around her. It's always fighting, automobile accidents, fistfights, boyfriends fighting ex-husbands for the child."

HOWARD STERN SHOW, 2013

«Ariana Huffington ist innerlich und äußerlich hässlich. Ich verstehe total, warum ihr Exmann sie für einen Mann verlassen hat. Das war eine gute Entscheidung von ihm.»

"Ariana Huffington is unattractive both inside and out. I fully understand why her former husband left her for a man—he made a good decision."

TWITTER, August 2012

«Während @BetteMidler eine höchst unattraktive Frau ist, würde ich das niemals sagen, weil ich immer darauf bestehe, politisch korrekt zu sein.»

"While @BetteMidler is an extremely unattractive woman, I refuse to say that because I always insist on being politically correct."

TWITTER, Oktober 2012

«Sie [Angelina Jolie] war mit so vielen Typen zusammen, dass meine Bilanz dagegen wie die eines Kleinkinds aussieht. Also bei mir ist es natürlich das andere Geschlecht. Und ich finde sie nicht mal attraktiv.»

"She's been with so many guys she makes me look like a baby, OK, with the other side. And I just don't even find her attractive."

CNN, Oktober 2006

«Robert Pattinson sollte Kristen Stewart nicht zurücknehmen. Sie hat ihn wie einen Hund betrogen & wird es noch mal tun – ihr werdet es sehen. Er kann was viel Besseres finden.»

"Robert Pattinson should not take back Kristen Stewart. She cheated on him like a dog & will do it again—just watch. He can do much better!"

TWITTER, Oktober 2012

Trump bleibt bis(s) zum bitteren Ende Mitglied von Team Edward.

★★★★★

«Wenn ich ‹The View› machen würde, würde ich Rosie O'Donnell feuern. Ich würde ihr direkt in ihr fettes, hässliches Gesicht gucken und sagen: ‹Rosie, du bist gefeuert.›»

"If I were running 'The View', I'd fire Rosie O'Donnell. I mean, I'd look at her right in that fat, ugly face of hers, I'd say 'Rosie, you're fired.'"

HUFFINGTON POST, Februar 2016

«Sie war bei meiner Hochzeit und hat tonnenweise Kuchen gegessen. Ich sag es Ihnen, sie ist ein schrecklicher Mensch.»

"She went to my wedding. She had lots of cake, and I'll tell you what, she is a terrible human being."

FOX, Mai 2007

Trump hatte offensichtlich die Gästeliste mit der Kündigungsliste vertauscht und aus Versehen Rosie O'Donnell zu einer seiner Hochzeiten eingeladen.

★★★★★

«Ich bin sehr für die freie Wahl in der Abtreibungsfrage.»

"I'm very pro-choice."

MEET THE PRESS, NBC, Oktober 1999

«Ich habe mich weiterentwickelt, jetzt bin ich Abtreibungsgegner. Besonders, weil ich als Geschäftsmann nie richtig darüber nachdenken musste.»

"I've evolved, I'm pro-life now. Specifically because I never had to think about it as a business man."

TOWNHALL, CNN, März 2016

«Das muss in irgendeiner Form bestraft werden.»

"There has to be some form of punishment."

MSNBC, März 2016

★★★★★

★★★★★

«Wissen Sie, es ist
egal, was [die Medien]
schreiben, solange man
eine heiße junge Braut an
seiner Seite hat.»

★★★★★

★★★★★

"You know, it doesn't really matter what [the media] write as long as you've got a young and beautiful piece of ass."

ESQUIRE, 1991

★★★★★

«Wenn ein Mann eine Frau verlässt, besonders wenn er sie für ein heißes Biest sitzen lässt, werden immer die Hälfte der Menschen die verlassene Frau lieben.»

"When a man leaves a woman, especially when it was perceived that he has left for a piece of ass—a good one!—there are 50 percent of the population who will love the woman who was left."

VANITY FAIR, September 1990

«Ich würde Ivana niemals teure Juwelen oder Gemälde kaufen. Warum sollte ich ihr Verhandlungsmasse geben?»

"I would never buy Ivana any decent jewels or pictures. Why give her negotiable assets?"

VANITY FAIR, 1990

Trump sichert sich vorsorglich (und vorausschauend) gegen eine mögliche Scheidung von seiner damaligen Frau ab.

«Ich vergöttere Frauen. Ich will Frauen helfen. Ich werde mehr für Frauen erreichen, als es jeder andere Kandidat könnte.»

"I cherish women. I want to help women. I'm going to be able to do things for women that no other candidate would be able to do."

CNN, August 2015

«Sie ist ein B-Promi ohne Charisma. Ich hab gehört, Whoopi Goldberg hat das Gleiche gesagt. Das wäre phantastisch für unser Land. Wir schmeißen auch noch Rosie raus, oh, das gefällt mir. Jetzt muss ich gewählt werden, damit ich unserem Land diesen Riesengefallen tun kann.»

"She's a B-actor, and has no mojo. I heard Whoopi Goldberg said that too. That would be a great, great thing for our country. We'll get rid of Rosie [O'Donnell]. Oh, I love it. Now I have to get elected, because I'll be doing a great service to our country."

FOX, April 2016

Girls-Star Lena Dunham hatte angekündigt, im Falle einer Trump-Präsidentschaft nach Kanada auszuwandern.

★★★★★

«Die Medien sind so hinter mir her wegen der Frauen. Das ist echt ein hartes Geschäft. Niemand respektiert Frauen mehr als Donald Trump.»

★★★★★

★★★★★

“The media is so after me on women. Wow, this is a tough business. Nobody has more respect for women than Donald Trump!”

TWITTER, März 2016

★★★★★

Donalds Lebensweisheiten

«Es ist besser, einen Tag als Löwe zu leben als 100 Jahre als Schaf.»

"It is better to live one day as a lion than 100 years as a sheep."

TWITTER, Februar 2016

Trump zitiert per Tweet ungewollt einen anderen berühmten Populisten, den faschistischen Diktator Benito Mussolini.

★★★★★

«Alles im Leben ist Glück.»

"Everything in life is luck."

TWITTER, Februar 2013

★★★★★

«Im Leben muss man sich auf die Vergangenheit verlassen, das nennt man Geschichte.»

★★★★★

★★★★★

"In life you have to rely on the past, and that's called history."

CELEBRITY APPRENTICE, 2013

★★★★★

«Ich versuche, aus der Vergangenheit zu lernen, aber ich plane für die Zukunft, indem ich mich ausschließlich auf die Gegenwart konzentriere. Denn da spielt die Musik.»

"I try to learn from the past, but I plan for the future by focusing exclusively on the present. That's where the fun is."

TWITTER, Juli 2014

The Donald hat das Zeit-Raum-Kontinuum geknackt.

«Die Neunziger sind echt nicht wie die Achtziger.»

"The 1990's sure aren't like the 1980's."

NEWSWEEK, Juni 1990

★★★★★

«Ich sag euch, das ist Big Business. Wenn es ein Wort gibt, das Atlantic City beschreibt, ist das Big Business. Oder zwei Wörter – Big Business.»

"I'll tell you, it's Big Business. If there is one word to describe Atlantic City, it's Big Business. Or two words—Big Business."

TIME MAGAZINE, 1989

«Ich hab noch nie eine dünne Person Diet Coke trinken sehen.»

"I have never seen a thin person drinking Diet Coke."

TWITTER, Oktober 2012

«Tatsache ist, man kann nie zu geizig sein.»

"The point is, you can never be too greedy."

TWITTER, März 2016

★★★★★

«Wenn man schon denken muss, kann man auch gleich groß denken.»

★★★★★

★★★★★

"You have to think anyway, so why not think big?"

TWITTER, Februar 2015

★★★★★

★ ★ ★ ★ ★

«Da gibt es keine Diskussion. Da gibt es gar nichts. Man kann da nicht um den heißen Brei reden. ‹Du bist gefeuert› ist eine sehr starke Aussage.»

"I mean, there's no arguing. There is no anything. There is no beating around the bush. 'You're fired' is a very strong term."

THE APPRENTICE, 2005

«Ich hätte nie gedacht, dass es mich besonders bei der jüngeren Generation tatsächlich beliebter machen würde, 67 Menschen im landesweiten Fernsehen zu feuern.»

"I could never have imagined that firing 67 people on national television would actually make me more popular, especially with the younger generation."

INTERVIEW, 2012

★ ★ ★ ★ ★

«Ich hoffe, dem Papst kann nur Gott Angst einjagen.»

"The Pope, I hope, can only be scared by God."

WASHINGTON POST, August 2015

«Viele Leute haben ein Madonna-Konzert verlassen, als sie ihnen sagte, dass sie Obama wählen sollen. Ich bin schon vor Jahren aus ihrem Konzert gegangen, weil es furchtbar war!»

"Many people walked out on Madonna's concert when she told them to vote for Obama. Years ago I walked out because the concert was terrible!"

TWITTER, Oktober 2012

«Zeig mir jemanden ohne Ego, und ich zeig dir einen Verlierer.»

"Show me someone without an ego, and I'll show you a loser."

FACEBOOK, Dezember 2013

★★★★★

«Was weiß ich schon davon? Alles, was ich weiß, ist, was im Internet steht.»

★★★★★

★★★★★

"What do I know about it? All I know is what's on the internet."

MEET THE PRESS,
NBC, März 2016

★★★★★

PTRU